Made in the USA
Columbia, SC
25 June 2020

12145164R00055